SANTIAGO ARAÚZ DE ROBLES

KATHLEEN
Y
SIMONE

Prólogo de
José Manuel Sánchez Ron

Serie teatro

Editorial Fundamentos está orgullosa de contribuir con más del 0,7% de sus ingresos a paliar el desequilibrio frente a los Países en Vías de Desarrollo y a fomentar el respeto a los Derechos Humanos a través de diversas ONG.

Este libro ha sido impreso en papel ecológico, procedente de bosque gestionados de manera sostenible y elaborado sin utilizar gas de cloro (PEFC, ECF).

© Santiago Araúz de Robles, 2025
© del prólogo, José Manuel Sánchez Ron
© Editorial Fundamentos
En la lengua española para todos los países
Ríos Rosas, 44. 28003 Madrid. Tel.: 91 319 96 19
www.fundamentos.es
fundamentos@fundamentos.es

Primera edición, febrero 2025
ISBN: 978-84-245-1442-6
Depósito legal: M-2902-2025

Impreso en España. Printed in Spain
Composición: Editorial Fundamentos
Impreso por Pulmen, S.L.L.

Cubierta: Paula Serraller, sobre una imagen de María Araúz de Robles

ÍNDICE

Prólogo

Santiago Araúz de Robles posee un raro don, el de haber compaginado una distinguida carrera como abogado, desempeñando en ocasiones funciones públicas, con la de escritor, dominio en el que ha cultivado varios géneros, la historia, el ensayo y, sobre todo, el teatro, al que pertenece la obra *Kathleen y Simone,* a la que preceden estas líneas. Y cuando alguien muestra semejante versatilidad, surge, inevitable, la pregunta de si existe una línea maestra, de vida, que permita entender a la persona y a su obra literaria. En el caso de Santiago Araúz de Robles, yo creo que esa línea vital es la de su deseo, que siente como una necesidad, de servir a los demás, y hacerlo mostrando al mismo tiempo sus ideas, sus convicciones y sus dudas más íntimas. Como si en algunos aspectos fuera algo así como su *alter ego,* la filósofa, activista política y mística francesa Simone Weil (1909-1943) es perfecta para transmitir todo esto, pues navegó durante toda su vida, su corta vida, entre certezas, dudas y generosidades parecidas. De hecho, Araúz de Robles ya le dedicó una obra de teatro, *Simone* (2018), uno de cuyos personajes, por cierto, Albert Camus, aparece también en *Kathleen y Simone,* aunque no presencialmente sino a través de una de sus obras, *Cartas a un amigo alemán,* que escribió entre julio de 1943 y julio de 1944, después de la liberación de París.

Kathleen y Simone reúne, en un imaginado encuentro, a Simone Weil con la, en su tiempo célebre, contralto británica, Kathleen Ferrier (1912-1953), circunstancia que añade otro atractivo a esta obra, que incluye valiosas reflexiones sobre la música, que solo podría haber realizado alguien con notables conocimientos musicales; el caso, es evidente, de Araúz de Robles.

La reunión tiene lugar en la casa de Kathleen, en el Londres sumido en plena Segunda Guerra Mundial, al que Simone acaba de llegar procedente de Marsella, donde no obstante encontrarse en la Francia del general Petain ya era patente que tampoco los judíos, y Simone lo era, podían estar seguros allí. Pero no se trataba de buscar seguridad: en su perenne deseo y búsqueda de cómo ayudar a otros, lo que Simone pretendía era que el general De Gaulle, exiliado de su patria en la capital británica, le encomendase alguna misión para ayudar la liberación de Francia. "Estoy procurando –dice–, desesperadamente, tal vez como único proyecto final de mi vida, que se me admita en el ejército y se me traslade a la Francia en lucha como enfermera de campo: para intentar mostrar que la debilidad con sentido puede acabar con las guerras de los poderosos, porque las guerras no las hacen los necesitados y marginados, sino los prepotentes, a quienes mueve la ambición." ¡Qué nobleza, cuánta generosidad!, pero ¿habría servido para algo –en la trama de esta obra resulta que De Gaulle no la haría caso–, más allá de ser un hermoso ejemplo?

"Tenemos algo en común –reflexiona Kathleen–. Somos lo que somos; unas verdaderas criaturas que, sin embargo, o por ello mismo, no renuncian a querer vivir, ¿en una felicidad dolorosa, tal vez?, yo, por supuesto, me sé vulnerable, con el fracaso de mi matrimonio ni siquiera consumado", referencia a su matrimonio de 1935 con un director de banco, que no tuvo éxito (fue anulado en 1947).

La vulnerabilidad de los seres humanos, que brota, imparable, en aquellos más sensibles y más generosos, gravita constantemente en esta obra. Vulnerabilidad en la permanente búsqueda por parte de Simone de una religión verdadera: "Abro los ojos con avidez hacia la Iglesia que siempre está 'por venir' para desdibujar el poder de las estructuras de Roma, que secularmente, y desde el abandono de Antioquía, se mantiene sólidamente, pero solo, en el pecado y la 'esperanza' hasta el final de los tiempos". Una vulnerabilidad esta a la que se suma el escepticismo: "sentarse a la puerta, como las beatas, las gentes más marginadas y felices de este mundo, y esperar algo tan etéreo como la caridad". Nada expresa mejor la personalidad de Simone Weil que la frase que incluye Araúz de Robles en su obra: si hubiera permanecido en Nueva York, en donde pasó algún tiempo, "habría acabado por ser negra". Vulnerabilidad alimentada también por su condición de judía: "A una bofetada, respondemos con un puñetazo, aunque ya con mano de hierro. A una masacre, como la que está ocurriendo, responderemos –y el resto de la humanidad nos atenderá, porque todo lo que huele a sagrado nos convierte en temibles temerosos–, Kathleen, con matanzas: hasta donde alcancen las armas manejadas por nuestros ojos ciegos de cólera". ¿Está refiriéndose Santiago Araúz de Robles al imaginario ayer en el que transcurre su obra, o a hoy?

Hay muchas variedades de arte, pero el que yo más respeto es aquel que nos induce a encontrar algún sentido a nuestras vidas, y a reflexionar en busca de un mundo mejor, para todos y para cada uno. Tal es, creo yo, en última instancia lo que Santiago Araúz de Robles pretende con *Kathleen y Simone*. Lo que pretende y lo que, en mi opinión, ha logrado.

JOSÉ MANUEL SÁNCHEZ RON
Vicedirector de la RAE

Kathleen y Simone

Dramatis personae

KATHLEEN
SIMONE

Comedia dramática en un acto. Se desarrolla, en dos etapas, y un epílogo muy breve, en el mismo lugar: la sala de estar, confortable y muy vivida —teléfono en una mesa baja, junto al banzo del sofá en que está medio recostada la única ocupante de la vivienda, Kathleen Ferrier, contralto, en la cumbre de su carrera; cenicero y libros en otra mesa, también baja, ante el tresillo— de un piso de una casa burguesa en el cogollo de un barrio residencial de Londres, concretamente en Saint James Square. Se presume que a esa habitación se accede desde el vestíbulo de entrada. En el lateral izquierdo del escenario hay una puerta que comunica con la zona de servicios, cocina y office: enfrente, en el lateral, y dejando un espacio con el ventanal que da a la plaza de Saint James, el pasillo —también con puerta— que conduce a los dormitorios. La persona, la única que ocupa la vivienda, tiene a esta hora vesperal, conectada como compañía la emisora B B C en un aparato de radio con el altavoz de rejilla, situado sobre una repisa cerca del arco de acceso al salón. En una esquina, y junto a fotografías de infancia y familiares de Kathleen Ferrier, ahora de unos cuarenta años de edad, hay un gramófono y una pila de polivinilos con la carátula –visible en uno de ellos apoyado en la pared– La voz de su amo. Al alzarse el telón KATHLEEN, *en quien se reconoce a una mujer ¿triunfante, exitosa?, pero no instalada en el éxito, no con consciencia de diva, está fumando un cigarrillo turco (boquilla dorada), posiblemente el vigesimoitantos del día, sin duda está nerviosa: con el cigarrillo aún a medias, lo apaga aplastando el ascua contra el cenicero, y casi de inmediato prende otro. Llama poderosamente la atención junto al quicio del acceso al pasillo un pequeño cuadro, una tinta china, colgado en la pared blanca e iluminado por un foco ojo de buey: tiene una placa de latón ovalada con el nombre del autor Ricardo Baroja, el observador con cierto bagaje artístico se preguntará cómo ha podido llegar a manos de Kathleen, que no conoce España.*

Quizás las acotaciones de este texto escrito podrán ser leídos por una voz en off, *para lograr mayor sintonía con el espectador.*

VOZ DEL LOCUTOR DE LA BBC.– Hace apenas una hora, ya declinando la tarde de hoy, 23 de octubre, una escuadrilla de bombarderos de la Luftwaffe, del Reich, han arrojado bombas sobre la población civil, en Liverpool, alcanzando Stanley Street y su barriada, y causando nueve muertos, según datos de la policía local, además de numerosos heridos, algunos de gravedad. La aviación invasora se ha retirado sin que tuviesen tiempo a reaccionar los cazas de la RAF (*Pausa, en la que incluso se percibe el sonido de los boletines que lee en los folios que, sin duda, el locutor va retirando de su pupitre ante el micrófono, al acabar de leer cada noticia*.)... Les mantendremos informados... (*Breve pausa*.) Las tropas británicas, mandadas por el general Montgomery alcanzaron en la madrugada de ayer una gran victoria en El-Alamein, obligando al octavo cuerpo del ejército alemán, a las órdenes de Rommel, a retirarse en desbandada a través de Libia... En Europa, por el contrario, las Panzerdivisionen, que cruzaron la frontera rusa el pasado mes de junio siguen acosando a un Stalingrado medio derruido; según los observadores militares, las tropas de Hitler procuran diversificar frentes y estabilizar la guerra... Los Estados Unidos de América siguen concentrando sus esfuerzos en el Pacífico, no olvidan el apocalipsis de Pearl Harbor el pasado mes de enero... En el plano doméstico, ha continuado esta jornada la huelga de los mineros en Betteshanger...

KATHLEEN *se levanta y apaga la radio. Dice para sí.*

KATHLEEN.– Ella ya tendría que estar aquí... La hora prevista para el aterrizaje en Stansted eran las 17:45, hace más de una hora. Y sin noticias.

La sonería del reloj de pie señala las diecinueve horas. KATHLEEN *se levanta del sofá, rodea una butaca, mientras murmura.*

KATHLEEN.– Stansted solo dista algo más de treinta millas del centro de Londres, menos de una hora en transporte público, y supongo que Simone habrá cogido un taxi...

Se detiene ante la repisa con el gramófono, y ojea la pila de polivinilos, sin dejar de fumar ni de hablar, al tiempo que, esporádicamente, sopla las volutas de humo en una atmósfera ya cargada; y se divierte —la espera le aburre, además de alterarle los nervios— procurando, con cierta habilidad, que el vapor blanquecino trace aros flotantes, que lentamente se deforman y diluyen.

KATHLEEN.– ¿Por qué esta costumbre incorregible de pensar en voz alta? Para huir la soledad, supongo… Ajetreada en mis trabajos musicales, estoy sola. Nunca, es la verdad, he llegado a convivir con Albert, no pasamos de ser compañeros en Blackpool, yo, algún tiempo, como contable en el banco local de nuestra ciudad, Blackpool, y antes en la central telefónica, y él en el banco local, siempre trepando rutinariamente peldaños, ¿se puede tener esa vocación?; pero él lo hacía, y sigue haciéndolo, por mérito propio, desde luego, hasta que ha conseguido ser director de la oficina central. En cierto momento debió creer llegado el tiempo de *instalarse*, casándose conmigo: coincidíamos cada día en la taberna Coventry, a la hora del almuerzo, y nos mirábamos de mesa a mesa, hasta que acabamos compartiendo una sola, eso es todo: durante meses (*Sonríe abiertamente.*) compartimos también el ruido de los cubiertos en el plato, algo tan romántico (*Pausa.*)… Ahora escucho, más bien es mi sonido de fondo, la BBC…, y hoy en concreto espero a una huésped a quien no conozco en persona, una tal Simone Weil… El boletín de noticias de la radio me sigue inquietando:

Liverpool, cuya población civil han bombardeado bárbaramente los Messerschmitt nazis, ni siquiera es un objetivo estratégico, solo una industriosa y bonita ciudad; aunque sí tiene, es cierto, un indudable interés estratégico, casi es un objetivo de prestigio, quiero decir, alcanzarlo significa "podemos ir más allá de Londres, podemos sobrevolar la *city*, tenemos a Londres, la capital del Imperio, al alcance de nuestras bombas, y en pleno día". Por eso ni siquiera han considerado el interés estratégico de Stansted, aeropuerto civil–militar de llegada de mi desconocida amiga Simone... Me llama la atención: más que un aeropuerto civil, el de Stansted es una verdadera base militar... (*Reflexiona, deteniéndose.*); precisamente por ello podría haber sido una tentación... aunque también un riesgo, según se mire. Sí, eso es, han tomado cautelas: Stansted tiene emplazadas baterías antiaéreas, y en sus hangares aparcan los cazas de la RAF, siempre con los jinetes y sus pilotos listos: ¡pero, amiga Kathtleen, nuestras defensas han reaccionado tarde en esta ocasión, debían estar desperezándose los operadores de los radares y las alarmas no han avisado, no han sido operativas, han llegado tarde a la cita!

Espero a mi *amiga* (*Se encoge de hombros, como dubitativa.*)... con quien no he coincidido personalmente, es curioso. Nuestros únicos contactos han sido sus cartas y mis respuestas, cada vez más frecuentes, es verdad: Simone, judía, no lo oculta, quiera venir a Londres y necesita mi apoyo aquí, precisamente. Sé que ella ha visitado Londres, para alguna charla filosófica, y yo he cantado en Lyon, y ella ha leído mis libros, y yo escucho con frecuencia sus *lieders* y oratorios, pero... ¿Puedo llamar en realidad 'mi amiga' a quien solo conozco por referencias en los medios informativos y por ese inesperado cruce de ausencias? Y, sin embargo, estoy nerviosa como una colegiala que penetra por primera vez en el aula.

Mientras, ha abandonado el espacio del tresillo y se ha acercado a un gramófono, situado en el lateral opuesto a la gran ventana con vistas a la plaza: y curiosea una pila de polivinilos, diferenciándolos, meticulosamente, se ve que reconociéndolos; elige uno de los discos, sin dejar de mordisquear la boquilla del pitillo de turno; se sonríe, y se justifica, esbozando una sonrisa.

KATHLEEN.– Estoy recordando la anécdota popular, algún día la recogerá cualquier escritor de prestigio, como la Simone Weil, ¿tal vez?, que estoy a punto de conocer, y pasará a los anales de Dublín que, curiosamente, se ha declarado neutral en la guerra, "tierra de emergencia", se autocalifica crípticamente, y desde allí se esparcirá por el ancho mundo, la fama sigue los hechos y dichos de los famosos, y los enriquece (quizás paguen a *negros* para que los hagan populares). "Un hombre –empieza el relato de la anécdota– cruza cierta calle de la ciudad, la que sea y de un país al azar, con tal de que esté en conflicto bélico, civil o internacional, cuando una tapa del alcantarillado se abre precisamente en el instante en que va a posar su pie encima: y… justo entonces asoma una cabeza con un casco y vestido con un mono azul oscuro (son ya visibles un brazo, el que levanta la tapa, y los hombros; y el tipo al que pertenecen cabeza y casco, claro, mira a los ojos al viandante, este con la pierna suspensa en alto y haciendo ángulo por la rodilla; y, con serenidad, el aparecido pone cara de susto, eso sí, y pregunta sonrojado: '¿ha acabado ya la guerra?'"… (*Pausa reflexiva.*) Me siento identificada con el pocero de alcantarillas. (*Sonríe.*) Me gustaría reproducir esa escena, y alcanzar la paz, por frágil, o vergonzosa, que sea para los contendientes; pero no parece que sea posible, por ahora, digo, nuestra contienda, que calificamos en justicia, pero con cierta pompa orgullosa 'guerra mundial', definitiva, parece en plena etapa juvenil, por su aliento y crueldad.

Ha seleccionado un disco, y duda si poner en marcha el gramófono, cuyo sonido llenaría la estancia, y calmaría quizás su inquietud —aunque la sonoridad fuera contenida, de ninguna forma atronadora—; lo extrae de la funda de papel estraza, y lo ojea a través de la ventana circular de plástico transparente: se trata del poema para contralto Frauenliebe und leben, *de Schumann, un largo* lieder *sobre el poema de Chamisso, "Vida y amor de una mujer", título que, por sí solo, sugiere una elegía ardiente pero sobre todo nostálgica: precisamente la elegía universal de lo ¿injusta?, quizás, que puede ser la vida para algunas personas defraudadas por el amor, preferiblemente mujeres, que sienten con mayor y más profundo calado la barbarie de la guerra.* KATHLEEN

se sorprende preguntándose en voz alta, es su hábito:
"¿Puede ser mi caso?" Queriendo ser escéptica, pero en
realidad incómoda, introduce el polivinilo en su funda y
lo coloca de nuevo sobre la pila.

KATHLEEN.– La cantata de Schumann –sobre un texto de Chamisso–: la interpreté el otoño pasado en el Covent Garden, aquí, en Londres. El *culpable* (*Sonríe con nostalgia agradecida.*) ha sido Britten, Benjamin Britten: me escuchó por azar cantarla, "recitarla con profunda vibración", dijo al parecer, en el oratorio del Consejo para el Fomento de la Música y las Artes, al que me he incorporado como arma para abrir paso a la paz patriótica, un arma para la defensa civil, al menos. Cuando la escucho, incluso con mi voz (*Bromea.*) se me escapan las lágrimas. En especial, con sus dos estrofas finales, que describen el estado de ánimo vacío, frustrado por cualquier causa, que toda mujer, toda persona en realidad, rectifico lo que antes sugerí, sufre en algún momento de su vida. (*Recita, tal vez tararea algún fragmento.*)

La mujer abandonada mira a su alrededor:
el mundo está ya hueco.
"He vivido y he amado,
ya nunca vivo en verdad",
confiesa:
Buceo en mi interior:
y lo único que advierto es que cae el telón.
Pero, sobre todo, y tras el paño espeso,
sé que aún ahí estáis *tú*, y mi perdida felicidad.

Tú, mi mundo quizás único, total.
No me queda nada:
Ya no existo.

Antes de devolverlo a su lugar inicial, durante unos segundos juguetea, girándolo en el vacío, con el polivinilo en su estuche, pero no llega ni a extraerlo ni, por supuesto, a colocarlo sobre el plato del gramófono. Se sienta un instante, pensativa, y luego, como quien ha tomado una decisión vulgar que trascendentaliza, se encamina hacia el teléfono, ojea el tomo comercial, distinta textura de papel, del listín de abonados, siempre sin prescindir del cigarrillo, que ahora sujeta en la comisura de la boca, los labios entrecerrados, y marca un número.

KATHLEEN.– ¿Información del aeropuerto de Stansted)… Gracias… ¿Podría decirme si el vuelo Air France 215, procedente de Marsella, ha tomado tierra a su hora?, las 17:45, tengo anotado… Ya… Viene con diez minutos de retraso…, solo. Pero sin incidencias, ¿me confirma?.., ¿no le ha afectado la invasión aérea de este mediodía sobre Liverpool?, acabo de escuchar la noticia en la BBC, y… ah, sí, comprendo, tuvo que desviarse ligeramente hacia el oeste en la península ibérica, me dice, pero eso es todo, ¿verdad?… Muchas gracias, me ha tranquilizado. Gracias de nuevo, señorita.

Pausa.

KATHLEEN.– Apenas me reconozco, la vejez empieza a invadirme, tiene prisa y no respeta mis ¿treinta y pico? (*Sonríe, en apariencia divertida.*), en realidad *casicuarenta* años de edad. La soledad es como las termitas: no cesa de desgastar, día y noche, sin que en principio te alarme. Cualquier duda me altera, eso sí, lo que desconozco me angustia como dicen que les ocurre a los viejos: es como un vacío que me crece y aproxima la distancia. Entonces, como alguien ha escrito, ves cualquier vida como una estrecha carretera larga y en leve pendiente hacia el horizonte que zanja un paisaje desértico, estilo película americana y, al alcanzar *el horizonte*, descubres otro tramo idéntico, hasta que admites que, al fondo está el vacío...: en eso consiste la experiencia de haber vivido, y más con el mundo patas arriba y en descomposición, aunque en algún momento inesperado volverá a salir el arco iris oculto: con un irresistible, y casi histérico, estridente, entonces, sabor agridulce. Así es la historia humana.

Ha colgado el teléfono, mira en torno preguntándose qué le queda por hacer y, lentamente, se encamina hacia el gran ventanal que da vista a la plaza de Saint James: corre los visillos y roza con la frente la cristalera, como queriendo penetrar en cada detalle del exterior. En un momento, se alza de puntillas, mueve la cabeza girándola en ambos sentidos, lentamente, y al tiempo balbucea, cada vez con más convicción.

KATHLEEN.– ¿¡Es esa figura minúscula mi huésped, la Weil!? Parece..., sí, quizás, puede ser ella, Simone Weil: se la ve dudar, y está rodeando la verja del jardín que ocupa el espacio del centro, donde cuatro niños juegan empujándose para ocupar un único triciclo, me recuerdan a los gorriones que se disputan en la tierra la última miga de pan, o quizás un gusano, antes de olvidarse que son voladores, y hacen un último esfuerzo para refugiarse en lo más oscuro de la fronda de una acacia... ¡No se plantean (*Ironiza.*) ser miembros de la Cámara de los Comunes, o de los Lores, algún día: aún sonríen y corren y se revuelcan!, me refiero a los niños, claro. (*Pausa.*) Debe ser ella, casi seguro... anodina, distraída, pensativa, gris. Sí, casi seguro. Es como la imaginaba, según las portadas de sus libros... Se ha detenido a contemplar a las criaturas, como con envidia... Lleva el pelo en melena, a *lo garçon*, y casi tan corto como yo, aunque liso... Podría confundirse con una estudiante recién ingresada en la universidad, una novata permanente que provoca a que le practiquen novatadas... La casquete y la gabardina con cinturón se han convertido, casi, en el uniforme reglamentario de los estudiantes universitarios..., una gabardina color pajizo, calcetines cortos y unas zapatillas planas, de cuero, por supuesto... ¿Y todo su equipaje consiste en esa cartera gruesa que, al parecer, pesa más que ella?... Cuando da un paso se inclina de costado..., desde luego es una criatura frágil: se diría que su pequeño bagaje casi le hace perder el equilibrio, aunque su equipaje consiste, solo, en un portafolios negro de cuero blando, que contuviera casi únicamente alguna pequeña biblioteca personal, ¿qué otra cosa, si no?... ¡Y se ha detenido junto a los barrotes de la verja, ha dejado el bolsón sobre las losas de la acera, y está encendiendo un pitillo! Posiblemente un Gitane, sí, claro, cajetilla azul y tabaco negro, es el que le va a su imagen delicada y rocosa, a la vez. Tenemos algo en común, estoy viendo…, eso es, sin duda. Somos lo que somos: unas verdaderas criaturas que, sin embargo, o por ello mismo, no renuncian a querer vivir, ¿en una felicidad dolorosa, tal vez?, yo, por supuesto, me sé vulnerable, con el fracaso de mi matrimonio ni siquiera consumado… Me sorprendió, Simone, digo, cuando, sin conocernos más que por nuestras respectivas actividades, y por la prensa, me telefoneó para rogarme que la recibiera en Londres, "necesito su apoyo, no puedo aclararle más, por ahora", dijo, con el aire de un espía en una película policíaca. Un mensaje extraño, pues, y más en alguien tan afamado como Simone Weil, en círculos reducidos, no es personaje de masas, pensé. Me he agarrado a su necesidad, ¿pero, de mí precisamente? Tengo necesidad de usted, ¿o de ti, dijo, apremiándome más?, de agarrarme como a un clavo ardiendo, me ha dado a entender. En eso estamos.

KATHLEEN *se afana, por unos momentos, en adecentar superficialmente la habitación: entreabre la ventana, hace gestos con la mano para ahuyentar el humo, desaparece por una puerta —debe comunicar con el oficio— llevando los ceniceros con colillas, y regresa enseguida con los mismos ceniceros vacíos, se alisa la falda y se estira el pelo, contemplándose de paso en una cornucopia que cuelga junto a un retrato victoriano de dama desconocida, seguro… Suena el timbre, un solo toque, discreto. Echa,* KATHLEEN, *una última ojeada a la habitación a su espalda para comprobar que todo está en orden, a "su orden, en alguna forma bohemio", y se apresura a abrir la puerta.*

KATHLEEN.– (*En el umbral, los brazos abiertos.*) ¿Simone?, claro.

La recién llegada confirma con un gesto, en silencio; mirando a KATHLEEN *y a la habitación, al fondo, a los espectadores del teatro en realidad, al mundo, en suma.*

SIMONE.– Tenía tantas ganas de conocerla…

KATHLEEN.– Y como si ya, pero solo de un segundo a otro, fuéramos amigas desde la infancia, ¿verdad?… Una agradable sensación extraña, la de que tenía que llegar el momento, ¿verdad, no te había ocurrido antes? Entra, Simone. Si te parece, nos tuteamos: creo que coincidimos, y no solo en edad… (*Tiende la mano hacia el asa del pequeño y abultado maletín de cuero negro, o quizás de lona a cuadros, escocesa.*) Siéntate. (*La acerca, tomándola del brazo, al tresillo.*) Te llevo la cartera a tu alcoba, permíteme… ¿Y el resto de tu equipaje?

SIMONE.– (*Desarmada y sonriente.*) No hay más que otro bulto, Kathleen, una maleta ligera con mi ropa interior de recambio, y el set de aseo; justo para un fin de semana. En todo caso, la he dejado en el hotel, al registrarme; por eso he tardado más de la cuenta, aunque quede muy cerca mi pensión, más bien. Posiblemente, no te he pedido disculpas por el retraso.…

Kathleen.– Sin problemas, me han tranquilizado al
llamar al aeropuerto: "no hay incidentes, señora,
ninguno", era la consigna, "salvo el sobresalto de
la escuadrilla que casi nos ha sobrevolado para
bombardear Liverpool" al parecer, pero nada que
nos afecte directamente... Así que...

Simone.– Un viaje plácido, algo cansado, es cierto,
la facturación, la espera... Últimamente todo me
fatiga..., nada importante. Entre las nubes, la paz
parecía el estado natural; no se distinguía a los
barcos de pesca, menos a sus tripulantes, diminu-
tas hormigas colgadas, parecían, sobre la espuma
de las olas, aunque los imaginas cubriéndose la
calva contra la escarcha con sus capuchas de plástico, o simplemente con las manos, en realidad
protegiéndose de los miedos y de los afanes que
son, por otra parte, el pan nuestro de cada día; un
espejismo reconfortante (*Bromea, un tanto forzada-*
mente.)...; luego he venido a pie hasta Saint James,
traía apuntada la dirección, Saint James Square, 5,
casi en el centro de la ciudad: me ha relajado ver
jugar a los niños, como si nadaran en un pequeño
charco, absortos en sí mismos, una mañana cualquiera a la hora del recreo...

Kathleen.– ... Ajenos a que existen las bombas, ¿verdad?; por cierto, desde la ventana te veía acercarte
sin que me advirtieras, te he adivinado, *inconfun-*
dible, he dicho. Aunque sin identificarte con seguridad, quizás un mero pálpito, certero como casi
siempre... el recuerdo de alguna mala fotografía de
prensa o de revista... por un momento, te has detenido de espaldas a la verja, de espaldas a los juegos

de los niños, y me ha parecido advertir que elevabas tu mirada precisamente hacia esta ventana. La respuesta a mi intuición... Los niños de la plazuela eran el eje, sin embargo: un signo. Ignorantes, por fortuna, de ese mal imparable que es la incógnita segura de las V-1, por ejemplo, los proyectiles infalibles y ciegos moralmente que, dicen, se están fabricando ya en Alemania bajo la dirección de un artista de la arquitectura, Albert Speer, ¿sabías?, autor del estadio olímpico de Múnich, ¡qué paradoja!

SIMONE.– Sí, la humanidad parece un hormiguero pisado. La esquizofrenia activa. Lo contrario, ¿me permites la digresión, digamos, Kathleen?, lo contrario de lo que refleja *Le Silence de la mer*.

KATHLEEN.– ¡*Le Silence de la mer*! Alguien se acordó de mí, y me envió desde tu país esa joya literaria, histórica y humana, a la vez... Pero pasa, entra Simone, y nos acomodamos en el salón, has dicho que estás cansada del viaje...

SIMONE.– Exagero, desde niña he sido "muy poca cosa", se burlaba mi hermano.

KATHLEEN.– (*Mientras, en efecto, entran en el salón, ella empujando suavemente a su huésped por la espalda, y se acomodan en el tresillo.*) Llegó a mis manos, el libro de Vercors, por sorpresa, y pensé que además por azar, en un pequeño paquete sin remite, la propaganda de vuestra resistencia funciona al parecer, ¿no es eso?: una soberbia novela sin pretensiones, Vercors ha calado en las circunstancias como remedio...

SIMONE.– ... Eso es..., algo muy simple... Recuerdo el relato casi página a página, instante a instante:

un viejo y su sobrina reconstruyen la amistad, en el silencio (porque han asumido que no deben hablarse en la dramática circunstancia que viven) con el *lieutenant* de las SAS, Ebrennac, un tal Werner von Ebrennac al que, por decisión del mando de ocupación, ellos, los paisanos, un hombre casi anciano y una niña, han tenido que dar hospedaje en su casa de una ciudad ocupada... La dignidad humana... Y los tres consolidan, sin palabras, sin pronunciar una sola palabra durante meses, una profunda amistad, que durará cuando la guerra acabe, se intuye, y esa certeza es el mensaje que les une familiarmente. ¿Recuerdas?

KATHLEEN.– Perfectamente. Devoré la novela de un tirón el mismo día, o mejor, la noche de ese día en que el cartero, no el habitual sino alguien sin uniforme, depositó un envoltorio sin remite, con mi nombre, Kathleen, a secas, en el buzón: solo pude ver al mensajero de espaldas y alejándose a paso rápido apenas dejar de hacer sonar el timbre de mi puerta, yo me había asomado a la mirilla enseguida, en estos tiempos todo resulta inquietante, y urgente.

Sí, Simone; releo casi cada noche algún fragmento de *Le Silence de la mer*, en el mutismo opresivo, en la incomunicación del tiempo en que vivimos... A veces lo alterno con las *Cartas a un amigo alemán*, de tu compañero

SIMONE.– Mi maestro Camus, ¿verdad?

KATHLEEN.– El símbolo de "la honradez desesperada", le calificarán los futuros estudiosos de este tiempo crítico... Hablaba de esas cartas que Camus, miembro activo de la resistencia, ha escrito a un amigo nazi, real o imaginario, más bien lo primero: él era sobre todo un hombre sincero consigo mismo. Esas tres cartas, que circulan por toda Europa, son también un canto a la amistad incluso en guerra, como un estado de ánimo permanente. Las habrá impreso la resistencia en cualquier sótano, con rudimentarias máquinas de ciclostil, la resistencia, invisibles en el mismo centro de París, quizás, y se divulgan entre quienes conservan sensibilidad humana y alertan al mundo libre sobre el problema de los endiosamientos personales al amparo de un poder que, en la mayor parte de los casos, les llegó por azar; y sobre el que piensan, cómo no, que es *su* solución, para los problemas del mundo. No, fíjate, Kathleen, las armas solo en manos nobles, el tesón de los ciudadanos, el silencio humilde y, ojalá, no rencoroso… Pero, alguna vez me quedo a oscuras: se apagan las luces de la ciudad, y se apoderan, y resuenan en las calles vacías las sirenas y las bombas… A la mañana siguiente escucho la rutina de los boletines de la BBC, un día y otro: monotonía de la barbarie desde el Estado, una barbarie sin causa pero que no cesa.

SIMONE.– (*Con una leve sonrisa.*) Hoy, por ejemplo, puesta en práctica por la *razzia* que se dirigía al bombardeo sobre los barrios residenciales de Liverpool, con la reacción tardía de la RAF, según cuentas, mientras subsiste de madrugada el sueño ajeno de los mineros en huelga de Betteshanger, indiferentes a lo que no sea su personal problema… Creyéndonos inmaculados, nosotros también, como ellos. La vida se empeña en seguir, sin implicaciones, sin heroísmos…

KATHLEEN *se levanta, habla como para sí misma, apenas se la oye susurrar, casi de espaldas a su huésped.*

KATHLEEN.– Un paréntesis, Simone: no te vas a hospedar en ningún hotel, esta va a ser tu casa mientras estés en Londres, mientras tú quieras, mejor dicho; por lo pronto ahora tienes que estar hambrienta, hay que amanecer con el alba para trabajar a oscuras, tú lo has hecho, sin hacerse notar "a solas, sin testigo", dice el poeta, para luego llegar a tiempo a los aeropuertos y no perder "la última ocasión imaginada", ¿me entiendes?; la gente se mueve buscando seguridad, y las calles se llenan con la primera luz, aunque no se sabe bien yendo, huyendo, hacia dónde. Y Marsella tiene mucho movimiento, como todos los puertos. Por supuesto en el avión no os habrán servido nada, un mínimo desayuno, quizás un café con *brioche,* a lo más un sándwich frío con una rodaja de tomate, menos mal que tu vuelo no era largo, pero no hay precisamente alegría en las despensas, ni siquiera en las públicas, así que estarás en ayunas.

Ya más en alto, y encarando a SIMONE WEIL, *que se dejó caer en un sillón, todavía con la gabardina monjil puesta y sin desabrochar, un bolso diminuto, de* box-calf *beige, sobre sus rodillas: le tiende la mano con un llavero.*

KATHLEEN.– Aquí tienes las llaves de casa, la del portal y la de este piso, supongo que vas a estar en Londres varios días, con tus gestiones, y puedes salir y entrar cuando quieras, no hace falta que cuentes conmigo... (*Se detiene, contemplándola; enseguida.*) Estás pálida, y con las mejillas rojas, posiblemente tengas fiebre... Además de estar desfallecida. Te voy a obligar a que te quedes desde ahora mismo, siéntete como en tu casa... Por lo pronto, te ordeno (*Sonríe, enérgica.*) vas a tomar algún alimento, el *brioche* o *croissant* que no te ha ofrecido la hospitalidad anglo-francesa.

SIMONE.– No tengo hambre, créeme, Kathleen.

KATHLEEN.– En cualquier caso, voy a ponerme en ama de casa, que no es precisamente mi característica. Te traigo ¿otro sándwich? pero con queso gouda y jamón york, ¿conforme?, y una taza de té...; ¿te das cuenta?, los bombardeos nazis no han logrado quitarnos la costumbre del *morning tea*, ahora que ya es algo exótico el *morning coffee*, nos cortaron el comercio con las colonias.

SIMONE ha tosido con voz hueca, y, sorprendente, o mejor irresponsablemente, ha sacado del bolsillo de su trinchera otro Gitane, que prende sin poder contener el temblor del pulso, y al tiempo, casi, se limpia con un pañuelo en el que van a quedar esputos rojos, de sangre.

SIMONE.– (*Con el aspecto de una colegiala sorprendida en la infracción de las normas escolares.*) Perdona, necesito fumar, me quita el frío de los pulmones... y (*Sonríe.*) es una delicia expulsar luego el humo, con todos los miasmas incluidos, supongo, querría creer que me hace bien: me imagino que es una especie de soplo-torbellino alentador contra las pesadillas, contra los propios humores nauseabundos... (*Hace un silencio, para recuperarse de la tos, reincorporada en el sillón, tocándose los flancos.*) Gracias, Kathleen, me quedo en tu casa, lo acepto con mucho gusto, lo agradezco en verdad porque lo necesito, ya ves (*Autocontemplándose.*), soy bien poca cosa, siempre lo he sido, también cuando trabajaba como fresadora en la Renault, sofocada por mi mono color naranja; o, incluso, este último verano, vendimiando los viñedos de Thibon, junto al Ródano, conversábamos mucho por las noches, hasta el amanecer. (*Exagera.*)... Antes me di cuenta de que advertiste que teñía de rojo el pañuelo con el que intentaba contener la tos... No es nada, lo arrastro casi desde niña. Pero..., ciertamente, me siento agotada, hasta para llegar a mi pensión... gracias de corazón, pues. Hoy (*Remarca como si fuera una excepción.*) no me reconozco a mí misma, estoy realmente sin fuerzas. (*Intenta sonreír.*) Mañana amaneceré nueva, seguro.... En algún momento iré a recoger el maletín a mi residencia, ¿verdad?, está muy cerca.

KATHLEEN.– Iremos juntas, las dos.

KATHLEEN *ha salido un instante de la habitación con las últimas palabras, y regresa casi de inmediato con el servicio de té que, sin duda, tenía preparado de antemano, la tetera llena y el termo del agua caliente burbujeante. Una jarrita de leche caliente, y un vaso con rodajas de*

limón, "un lujo, de España", advierte señalando el vaso
con los frutos amarillos. En un extremo de la bandeja
de plata inglesa, ha colocado también tres libritos, Le
Silence de la mer, L'Été *y las* Cartas a un amigo
alemán: *se diría, por esa improvisada, y algo forzada,*
actitud de perfecta ama de casa, que es también una adi-
vina, o que ha venido estudiando previamente muy en
profundidad la vida y costumbres, y los gustos litera-
rios, de SIMONE WEIL. *Sin decir palabra, como los pro-*
tagonistas de la novela de Vercors, señala con un gesto
los libros con cubierta de cartoné, el depositar la bandeja
en la mesita ante el tresillo.

KATHLEEN.– Una al leerlos pretende ahuyentar la atmósfera viciada, alentando con fuerza, o dando
pequeños golpes con su mano al aire, ¿verdad?,
son como un reconstituyente seguro contra la de-
presión. (*Con jovialidad, de alguna manera fingida.*)
¿Sabes en qué me ocupo, siempre, pero más desde
que dejé de trabajar como telefonista en la central
de Blackpool, cerca de Lancashire? Había compaginado el trabajo con mis participaciones en la Royal Academy of Music, en cuyas excursiones por el
condado, por ejemplo, al King Georges' Hall, llegué a cantar como *mezzosoprano* solista el *Elijah* de
Mendelssohn, un hito local, y un sueño para mí,
¿comprendes? El biógrafo, de la localidad, claro,
escribió que "cuando debería estar estudiando
música y aprendiendo literatura inglesa, no ca-
bía otra, contestaba al teléfono en la centralita de
su ciudad, y se casaba con Albert Wilson, director de un banco provinciano. Pero, y perdonen

mi admiración, al tiempo ha sido elegida para la selección final, en Londres, del concurso de éxito popular 'Reloj Parlante'". Fíjate, recuerdo esos párrafos literalmente, olvida la presunción, Simone, y toma el comentario en su justa dimensión: los periodistas locales necesitan descubrir héroes locales, ya se sabe.

SIMONE.– (*Con una especie de escándalo teatral, mirando de frente a* KATHLEEN.) ¡Claro que no es el caso! He seguido y conozco tu trayectoria como artista, siempre en ascenso. Una referencia como *mezzosoprano* ya a nivel europeo, como poco, en tanto sigues siendo la misma adolescente que refresca, con su voz de pétalo, el mundo de las contraltos en los coros locales, especie de rebeldía contra las guerras, contra esta en especial. Cantas *lieders* de Mahler, óperas de Gluck, has ganado, por partida doble, como pianista y como vocalista, el Festival Carlisle, fuiste la alumna preferida de Hutchinson, has cantado en la ópera de Glyndebourne y en la Royal Opera de Londres..., ¿sigo? Te he analizado como si fuera una bióloga y tú mi objeto de estudio.

KATHLEEN.– En realidad, tú lo has dicho, sobre todo canto oratorios, pero en una agrupación de meros aficionados, The Bach Choir, aquí, en Londres. Ya ves: poniéndonos en la estela y bajo la tutela de un alemán, el gran Johan Sebastián Bach, ¡qué paradoja!, y adorándole al revivir sus inigualables oratorios. Tampoco olvidamos que otro alemán, Händel, compuso para Inglaterra, y como huésped de Inglaterra, antes de Hitler, ¿conformes?

(Kathleen *ríe abiertamente*.), esa maravilla luminosa que es *El Mesías*... Aspiro, no lo oculto, pero todavía estoy a la espera, a ser algún día una de las cuatro voces solistas de esa solemne y retozante al tiempo composición de Haendel, algún día, repito...

Simone.– Y a cantarlo en el Covent Garden, seguro, ¿no es eso? Cuando termine la hecatombe de esta guerra de liberación también, no tengo dudas, harás giras por los Estados Unidos, el eje de nuestra exclusiva batalla mundial, el eje del mundo futuro, y exportador de las democracias de Tocqueville... Yo, por mi parte, querida Kathleen, solo soy una principiante, en todo, en concreto en el pensamiento filosófico; una aprendiz del hecho de vivir. No más. Alguien a quien le marcó la senda, en una dirección distinta a Descartes, el gran maestro Alain, y que ha tenido la suerte de encontrarse con el humanismo de Camus.

Kathleen.– Una sociedad humanista, ¡un sueño! Una superación de los locos años veinte, y con implantación universal...

Simone.– ¿Pero es ya, ahora mismo, posible algo universal, a pesar de que se adivina como hecho la "aldea global"?

Kathleen.– Un sueño, apenas eso, Simone.

Simone.– Seguramente, aunque...; por ahora me ocupo y me relajo con pequeñeces al margen de los grandes, me he alineado con las personas sensibles; desde mi infancia, en realidad. Formo parte de los marginados de la sociedad. Los desempleados de Le Puy, mis paisanos, por ejemplo;

en algún momento te hablaré de las pescadoras viudas de Póvoa de Varzim... Basta con entender a Vercors y a Albert Camus, lo acabamos de hablar... En el capítulo que Camus titula *Les Amandiers*, en su ensayo *L'Été*, ¿recuerdas?, comienza transcribiendo una frase del EMPERADOR por excelencia, pronunciado todo con mayúsculas, ¡por supuesto!, aunque no sé si es posible, el gran Napoleón, amo fugitivo de la Europa del xix, que es lo que el Führer pretende ahora mismo, siglo xx, también este, en sus sueños mortíferos, con carácter vitalicio para sí y los suyos inexistentes, ¿te das cuenta?; recuerdo literalmente ese fragmento, ¿escuchas, Kathleen?:

"¿Savez–vous, –disait Napoléon à Fontanes–, ce que j'admire le plus au monde? C'est l'impuissance de la force pour fonder quelque chose."[1]

Los *grandes,* que luchan solo por ser eso, grandes, acaban quebrándose como una jarra de porcelana que se escapa de las manos para caer en el pavimento de mármol que es la historia de la humanidad. Y termina Camus, vuelvo al tema, ese capítulo de *L'Été* fijándose cómo, en su Argelia, los almendros son indefectiblemente castigados por la cruel escarcha de los inviernos junto al mar, pero, sin embargo, añade, "chaque année", la frágil flor "persistait, juste ce qu'il fallait pour préparer le fruit...[2] No es solo un símbolo", explica a continuación, y se excusa. "Sé que en eso crees, y

---

[1] "¿Sabe usted, –dijo Napoleón a Fontanes–, lo que más admiro en este mundo? La impotencia de la fuerza para fundar nada."

[2] "Cada año, la frágil flor sobrevivía, lo justo para generar el fruto...".

creo, Simone. En la fuerza de creación de quienes no se consideran fuertes".

KATHLEEN.– Quizás es esa actitud común lo que nos ha reunido, a ti y a mí, sorprendiéndonos.

SIMONE.- Pero yo (*Apunta débilmente, con una sonrisa de disculpa.*), llego pidiendo ayuda a tu prestigio tan solo para poder llegar a ser en primera línea enfermera de cuerpos y almas, contra la "impotencia de la fuerza", el nazismo que aniquila el poder creador de la libertad. Pretendo convertirte en mi aliada para lograrlo, ¿entiendes?, ¡yo no tengo crédito alguno!, no soy sino alguien que filosofa, que maneja las palabras –susurrándolas al oído– para que otra persona las escuche: en este caso el Alto Estado Mayor de nuestra esperanza nacional, encarnada en el general De Gaulle. Estoy procurando, desesperadamente, tal vez como único proyecto final de mi vida, que se me admita en el ejército y se me traslade a la Francia en lucha como enfermera de campo: para intentar mostrar que la debilidad con sentido puede acabar con las guerras de los poderosos, porque las guerras no las hacen los necesitados y marginados, sino los prepotentes, a quienes mueve la ambición. He llegado a ofrecerme, en carta al propio General, para realizar actos de sabotaje contra las avanzadillas nazis, ¡no te escandalices, Kathleen, lo que han puesto en juego son la libertad y la dignidad humanas! (*Extrae un papel del bolsillo de la falda.*) He llegado a escribirle, fíjate, hemos quedado en tutearnos, suplicante: "¡Se lo ruego, General, hágame ir a Francia, no me deje enfermar de tristeza". (*Rebusca en la carta, y vuelve a leer.*) "Se lo suplico, procúreme usted, si puede, la cantidad de peligro y de sufrimientos necesarios para evitar que sea estérilmente consumida por la pena".

Hace un largo paréntesis, en que se instala el silencio.

SIMONE.– Para quien me escuche, o quizás baste con que me mire, pretendo dar testimonio de Dios, del amor y, enfrente, de la barbarie de la guerra. De los opuestos, pues, proponiendo el amor, ¿no es una locura pretenciosa?

KATHLEEN.– ¡Eso es, Simone, una locura! Pero no pretenciosa, ni simplemente sin sentido: creo haber leído en algún ensayo tuyo, casi literalmente "la desdicha que se extiende por la superficie del globo me obsesiona y me abruma hasta el punto de anular mis facultades, y no puedo librarme de esta obsesión", ¿es así?, "si no es cargando yo misma con una buena parte del peligro y sufrimiento común". Nada menos que dar testimonio entre el estruendo de las armas, que silencian las palabras. Una utopía. Para ti, y para mí, desde luego. No somos nadie, querida Simone, nadie eficaz, quiero decir. Pero… la pasividad engendra el mal. Aunque seamos, a lo más, unas voces débiles que, en todo caso, resuenan en un cuarto vacío, y aislado. Tú eres, y lo sabes, una intelectual prestigiosa, cierto, que encumbra con sus ideas el prestigio de *Cahiers du Sud*, pero poco más…, y nada menos: solo una mujer que ha trabajado como fresadora y vestida con un mono color naranja, lo has recordado hace un momento, y con los coderas y rodilleras desgastadas, en una fábrica imparable, formando parte de una "cadena de montaje, que no cesa; esa irremediabilidad ciega puede ser el porvenir", las grandes fábricas estilo Renault; trabajando de sol a sol en un París hasta hace poco despreocupado, capital del nuevo estilo de vida, y donde permaneciste trabajando, oculta durante dos años que han doblegado tu salud; luego como vendimiadora junto al Rin en los viñedos de tu amigo Gustave Thibon, para regalar siempre tu salario a los *miserables* de Le Puy; alguien que ha elegido como testimonio, pues, justamente el partido de los descastados sin pretensiones. ¿Qué te queda por hacer?

SIMONE.– Precisamente por eso pido ahora tu auxilio, querida Kathleen. Tú interpretas como un ángel, es el personaje estelar, tu personaje, en la cantata la "Canción de la tierra", *Das Lied von der Erde*, de Gustav Mahler, ¡otro alemán! (*Pausa*.), y enfervorizas a los melómanos. A mí me gustaría, simplemente, alegar con mis actos contra la guerra que nos ha tocado vivir, curando heridos, de cuerpo y de espíritu. Por eso he pensado, febrilmente, acabas de advertirlo, solicitar tu ayuda: he volado con ese solo fin. La Francia de Petain, donde vive mi familia, judía, posiblemente lo sabes, es un espejismo que quiere ocultar con una enorme lona el también enorme campo de concentración en que Hitler, el *Führer*, se propone convertir a Europa, por ahora solo a Europa. Una constante humana. Vendrán otros Napoleón, y otros Hitler, y otros Stalin, al tiempo, dándose codazos entre sí y coronando pilas de inocentes soldados muertos (luchaban a sueldo, para subsistir, pues). Los dictadores quieren convertirse en los sátrapas felices del universo, no solo de la tierra... Tú, Kathleen, puedes ayudarme: el arte siempre ha subyugado a los políticos, aunque no lo entiendan y se rodeen paradójicamente de artistas... Para eso he venido a Londres, cuartel general de la resistencia francesa armada. No eres una cantante de oratorio, no te engañes, sino alguien de quien Bruno Walter ha escrito, con razón, que en ti "reconocía con deleite a una de las más grandes cantantes de nuestro tiempo". Y, aunque te sonroje el recordatorio, al comentar tu interpretación de Mahler, el *Edinburgh Evening News*, la calificó de "simplemente excelente". Rotundo y claro... Tus giras americanas, que llegarán con el fin de esta terrible guerra, déjame que profetice las dos cosas, confirmarán lo que ya es *vox populi*: eres "una rara combinación de música, voz y temperamento". Sin que lo pretendas, eres una persona influyente. También con la colonia de exiliados franceses, también con el general De Gaulle.

Desde alguna ventana abierta llega el sonido de las radios, y se escuchan retazos de los boletines informativos, que recuerdan el hecho de la guerra.

KATHLEEN.– Te entiendo, claro... ¡Pero no podemos, Simone!, desde que me anunciaste tu propósito de que nos conociéramos estoy deseando tener todo el tiempo posible, para conversar, ¡hasta de lo imposible! Y me lo acabas de plantear, eso precisamente: lo inalcanzable por inconveniente, querida Simone, eso es lo que persigues, admítelo. El General cree en la estrategia y en los cañones, no en las súplicas, no en oratorios de mujeres y niños.

Un largo silencio, quizás con el griterío distante de los niños filtrándose por la ventana. La FERRIER *ha vuelto a salir del salón, llevando, casi intacta, la bandeja del desayuno, realmente ha sido eso para* SIMONE, *su primer alimento de este día tan agitado para su frágil salud.* SIMONE *sigue recostada. Vuelve la cabeza, cuando escucha el vaivén de la puerta del oficio.* KATHLEEN *ha sacado del bolsillo de su rebeca un mazo de folios doblados, que despliega mientras camina despacio. Alarga los brazos y pone los folios ante la cara de* SIMONE WEIL.

KATHLEEN.– ¿Reconoces este escrito?

SIMONE.– (*Sorprendida.*) Sí, claro, ¿cómo está en tu poder?… ¿Y por qué me lo enseñas, Kathleen?

KATHLEEN.– Es tu carta abierta a Georges Bernanos; tu repudio a la guerra, a cualquier guerra, con motivo de la de España en el año 36. La conociste bien, de primera mano, estuviste allí. Incluso resultaste herida, te declararon "no apta para el servicio".

SIMONE.– Por culpa propia, en las cocinas del regimiento me vertí encima el agua hirviendo de un caldero…¡Ya ves qué acción heroica! Siempre he sido torpe, una manazas: en mi casa de París, mi hermano, el matemático de l'École Supérieure era el que hacía, en su caso, de pinche en la cocina, mi madre se asustaba, y se reía, si se me ocurría tomar por el mango una sartén.

KATHLEEN.– Aquel incidente es irrelevante. Tu mensaje es que la guerra no es un mal accidental, está en la condición humana: los hombres son malignos *en* la guerra. Permite que te recuerda esta frase (*Lee en la carta.*):

"Cuando se sabe que es posible matar sin arriesgarse a castigo ni reprobación, se mata; al menos se rodea de sonrisas alentadoras a aquellos que matan".

SIMONE.– (*Cabizbaja.*) Me había abierto los ojos el libro estremecedor de Bernanos *Les Grands Cimetières sous la lune:* los ciudadanos, las gentes pacíficas se alinean con uno de los dos bandos, siempre hay dos bandos, desde el principio de la humanidad; y cada hombre se hace uno con la facción donde les sorprenda la violencia armada –porque siempre hay un estallido sorprendente, Sarajevo, la noche de los cuchillos largos, el asesinato desde el poder de un tal Calvo Sotelo, la rebelión de *los sudetes*–; un percance donde les encuentre el inicio de cualquiera de los sucesivos brotes de la perpetua contienda humana. Entonces el ciudadano se enrola y se convierte en soldado o, a la vez o incluso antes, en terrorista… (*Pausa, para el recuerdo.*) En el hospital de Tarragona donde me curaban de mis quemaduras, me contó un miliciano un hecho ilustrativo: apenas iniciado el *alzamiento,* ya advertirás el nombre equívoco, y con las posiciones no definidas aún, una columna de nacionales se encuentra en el páramo de Castilla, en su marcha lineal, en su *avanzadilla imparable*, con un pastor de ovejas, y conversan: "¿con quién estáis vosotros, con el Gobierno o con los militares?", el pastor, "no lo sé", el portavoz de los militares, "¿qué bandera cuelga en el ayuntamiento de tu pueblo?", la respuesta del pastor es "ninguna, no hay bandera", le insisten, "¿y tú, a quién apoyas?", el pastor, apoyando la barbilla en la vuelta de su bastón de avellano, "no lo sé", uno de los militares se separa entonces del grupo, apunta enrabietado, con su *mauser* cargado, "¡a favor de quién estás tú, responde o te descerrajo un tiro en la frente!", al tiempo que, en efecto, gira el cerrojo del arma y pone el dedo índice en el gatillo, el hombre cae de rodillas, palidece, tartamudea, se señala y luego señala al soldado con el índice recto pero temblante: "¿yo?..., yo estoy... ¡con ustedes, estoy contigo!" (*Otra vez larga pausa*.)... Es el comportamiento de la mayoría, Kathleen.

KATHLEEN.– Más si les llegan las consignas repetidas del Goebbels de turno, o conocen la ideología y la personalidad aparente, y circunstancial, según la propaganda de las hojillas proselitistas, de los, verdaderamente, facinerosos. ¿Me permites que lea en voz alta alguno de los pasajes de tu carta? La he releído en mis insomnios, desde el 1 de agosto del 39, y me han calado tus palabras escritas (*Lee*.):

"Desde la infancia, mis simpatías han estado dirigidas hacia los grupos que afirman pertenecer a las capas despreciadas de la jerarquía social, etcétera (*Rebusca en el texto*.)... El último grupo que me inspiró confianza fue la CNT española, y la FAI... Cualquier persona era admitida en su seno y, en consecuencia, la inmoralidad, el cinismo, el fanatismo y la crueldad se codeaban con el amor, el espíritu de fraternidad y, sobre todo, con esa reivindicación del honor tan hermosa entre los pobres humillados..."

Simone.– Eso escribí, y así pensaba, hasta que crucé la frontera de Cataluña y me integré en las milicias del Ebro.

Kathleen.– Y conociste a los milicianos por dentro, en su profesional quehacer diario de matar. Si te desahoga...

Simone.– No me importa que leas, me reencuentro conmigo...

Kathleen.– (*La voz trémula.*) "Un grupo de 22 milicianos apresa a un joven falangista de 15 años de edad, 'he sido reclutado por la fuerza', se excusa, acosado por el pánico. Al registrarle, le encuentran una medalla de la Virgen y el carnet de falangista. Durruti" el propio Durruti en persona, al parecer... (*Interrumpe un momento su lectura, esperando la conformidad de* Simone, *que, con la cabeza, le hace un signo de aquiescencia.*)... "Durruti en persona le explica la belleza del ideal anarquista, y le ofrece la alternativa de morir o alistarse inmediatamente en el pelotón que le había hecho prisionero. El joven, tras pensarlo, se niega: el jefe Durruti, hunde la barbilla en el cuello, hace una señal con el brazo y... se fusila en el acto al reo". (*Se instala de nuevo el silencio, que interrumpe finalmente* Simone.)

Simone.– Veo en sueños, con frecuencia, los ojos incrédulos, en un rostro sonriente y contraído, de ese muchacho ante las bocas de los fusiles (*Suavemente, pero con firmeza, arrebata los folios a* KATHLEEN, *pasa alguna hoja y lee.*) Sigo.

"En un pueblo de ida y vuelta, durante la interminable batalla, las milicias encuentran en un sótano a un grupo de adolescentes aterrorizados, sin armas: el jefe del comando razona en alto: 'si en el último vaivén de fuerzas, en lugar de huir con los nuestros se han quedado esperando, seguro que son fascistas': y los acribillan contra el paredón de la casucha".

Lo contaban los propios autores, hablando en tercera persona, alrededor del fuego de campamento.

KATHLEEN.– También relatas el caso de los dos sacerdotes de paisano, "se les reconoce en la tonsura, y hasta en la forma de hablar", comentas en una pincelada para colorear la escena, que se encuentran con una avanzadilla de milicianos: a uno de los dos le fusilan en el acto, y al otro le ponen en libertad, "aléjate", le ordenan… y le disparan por la espalda a veinte pasos.

SIMONE.– Ocurrió así, y así lo relaté… No conocí de primera mano las atrocidades del otro bando: quizás eran igual de perversas, porque duraron hasta después de la guerra y se rodeaban de apariencias de legalidad: se sometía a los prisioneros, en combate o en las calles de las grandes ciudades, a juicios *legales* de tribunales militares. Flaubert había escrito: "Un hombre juzgando a otro es un espectáculo que me haría morir de risa si no me diera lástima". Sin embargo, es la esencia de las postguerras, y a veces se repesca el odio, o se inventa otro nuevo.

Kathleen.– Unos y otros eran como el pastor del páramo, dudaban de sus ideas, dudaban de quiénes eran.

Simone.– Es el tuétano de las guerras, que me gustaría ayudar a sanar. Que nunca se repitan.

Kathleen.– Pero en toda la historia de la humanidad, según mis conocimientos, no ha habido ni un solo minuto sin guerra en alguna parte del mundo.

Simone.– Esa úlcera de la civilización es la que pretendo poner al descubierto, cubriendo con gasas las heridas que supuran.

Se instala de nuevo el silencio que salpica la conversación, ahora tal vez más estridente.

Simone.– (*Que sufre un convulso ataque de tos, que procura contener con su pañuelo, con el que también se enjuga la frente.*) ¿Me perdonas, Kathleen? Me vendría bien acostarme.

Kathleen.– Te he preparado una alcoba, y te he dejado sobre la cama un camisón, somos, más o menos de la misma talla; mañana recogeremos tu equipaje en el hotel. Te acompaño, ahora…

Se detienen, un instante, ante el cuadrito de Baroja situado junto al quicio del acceso al pasillo. Simone lo mira, con especial atención. Dice, como hablando para sí.

Simone.– Es como un calco de la procesión de Póvoa de Varzim, una pequeña aldea de pescadores en el norte de Portugal, que seguramente no conoces…

KATHLEEN.– Ni sabía de su existencia, no la he oído nombrar.

SIMONE.– (*Reflexiva, trascendente: detenida antes de enfilar hacia el pasillo.*) Donde decidí mi camino… Ahora estoy sin fuerzas, Kathleen; mañana te explico cómo ocurrió…

Se introducen hacia los dormitorios, SIMONE *buscando apoyo en el brazo de su ya amiga. Tras un tiempo breve regresa* KATHLEEN, *quien ha anunciado al despedirse.*

KATHLEEN.– Dejo encendida una luz del pasillo, por si necesitas levantarte durante la noche…, yo estoy en la alcoba del fondo, si me necesitas… Mañana temprano telefoneamos al cuartel del general De Gaulle… Y me cuentas lo que te sucedió en ¿Póvoa de Varzim, he entendido bien?

Quedará la escena en silencio, solo interrumpido por el carrillón del reloj que hace sonar doce campanadas, ya a oscuras…

*Pasados un par de minutos de la representación, no más, entra algún resplandor, ¿de la aurora?, por el ventanal de la plaza y, enseguida, sonarán las ocho de la madrugada en el reloj de pie o de pared. Se escucha algún rumor, como del agua de la ducha, en el interior de la casa. Viniendo desde la calle, S*IMONE *ha abierto la puerta con su llave y aparece cargando con esfuerzo una pequeña maleta. Casi al tiempo, y secándose los cabellos con una toalla, asoma en la embocadura del pasillo K*ATHLEEN.

KATHLEEN.– ¿Pero, de dónde vienes, criatura? ¿Has podido dormir algo, Simone?

SIMONE.– ¡Como en casa de mis padres, cuando era niña!

Por la ventana llegará la algarabía de los grupos de, efectivamente, niños, que ya a horas tan tempranas juegan en el parque.

SIMONE.– Se nota que es domingo.

KATHLEEN.– (*Con un deje de ironía.*) Y que los padres, los quieren muchísimo, claro, pero que hoy se toman la revancha de toda la semana de trabajo, y les han abierto las puertas de la calle casi antes del amanecer.

SIMONE.– (*Risueña.*) ¡Has despertado volteriana!

KATHLEEN.– ¡Pero Voltaire era un buen observador de la realidad!, no precisamente un *Cándido,* aunque se retrata satíricamente en su personaje... Me alegra que hayamos recuperado la vitalidad, ¿no es eso, Simone? Y el humor... Te traigo enseguida algo para desayunar, hay que empezar bien el día, mejor que ayer.

SIMONE.– Te acompaño... Me basta un café, si es posible muy cargado, con una rebanada de pan para hacer eso tan prosaico que es mojar.

KATHLEEN.– Está casi dispuesto, el café en la máquina, desde anoche... Y, de inmediato, telefoneamos a la secretaría del General. Y me vas contando, ¡me interesa tanto tu aventura!

En efecto, harán su parco refrigerio y, casi con el último sorbo, KATHLEEN *repasa su agenda, descuelga el teléfono y marca.*

KATHLEEN.– ¿Secretaría personal del general De Gaulle?... Sí, gracias... Soy Kathleen Ferrier..., seguro que no nos conocemos, quizás por los titulares de algún diario... Si es posible, quisiera hablar con el General personalmente..., ¿no ha llegado?... ¿y más tarde, a la hora que me diga, habrá oportunidad de conversar con él, un instante?... Sí, ya me imagino, está sin un minuto en la agenda, y seguramente por temas con más importancia y urgencia, pero… ¡Sí claro, por supuesto volveré a llamar en un par de horas!, ¿hacia las once, le parece, señorita?… Muchas gracias, muy amable… (*Cuelga.*) Ya has escuchado. Tenemos tiempo para conversar, tú y yo… (*Pausa.*) Anticipaste que "elegiste tu camino", y que ese camino tiene tres polos, Dios, la amistad y la guerra… Y que fue en Póvoa de Varzim, ¿no?, un rincón perdido en Portugal, frente al Atlántico, donde elegiste… Creo adivinarlo. Así que…

SIMONE.– (*Pausadamente.*) Lo he narrado en la historia de mi vida, anodina en realidad, y casi puedo repetirlo literalmente, como si lo tuviese marcado a fuego… (*Narra, en efecto.*):

"… Estando en la fábrica –de la Renault, en los alrededores de París, ya sabes– confundida a los ojos de los demás, y a los míos propios, con la masa anónima –¿entiendes, Kathleen, lo que significa 'rozándote permanentemente con extraños, que siguen siéndolo sin remedio'?–, el fracaso de 'los otros' ha penetrado en mi carne y en mi alma… había olvidado realmente mi pasado y no esperaba ningún porvenir, difícilmente imaginaba la posibilidad de sobrevivir a las fatigas, las de mi quebrantado cuerpo y las de un ánima sin ilusiones… –como ahora, y es lo que pretendo remediar; sigo:– Esa situación me ha marcado tan profunda y permanentemente que si alguien 'por descuido', pienso, me habla sin brutalidad no puedo impedir sucumbir a la impresión de que lo hace por error, y que ese error se disipará de inmediato… Recibí –créeme, Kathleen– para siempre la marca de la

esclavitud, la marca con que los romanos señala-
ban la frente de sus esclavos más despreciados…

   ¿Y, sabes, Kathleen?, sentí que ese era mi lugar, y
el lugar de los cristianos, y me sentí, al tiempo, in-
ferior, y elegida para la gloria. Fíjate: yo conozco la
Biblia, en su totalidad, o casi, y me identifico con el
fragmento del *Magnificat*, en que María y su prima
Isabel comparten el reconocerse elegidas para la
desgracia, y es María, madre de Dios, quien pro-
clama, profética: "dispersa a los soberbios de corazón, y a los ricos los despide vacíos, mientras que
a los marginados los colma de bienes".

KATHLEEN.– Pero es un programa de vida casi inso-
portable, la marginación social, no ser *nadie*, y
nunca. Una funesta elección.

SIMONE.– Insufrible, sí, pero…, salvo para los esclavos con esperanza. Yo lo viví cuando mis padres,
judíos, no lo ignoras, quisieron llevarme a España
y Portugal y, luego, me dejaron que siguiera a mi
aire, no sé por qué razón, si no es porque siempre
me ha acompañado, casi plenamente, la soledad,
¿una soledad que busca compañía?, es posible; y
llegué hasta Póvoa de Varzim, un pueblecito que
no figuraba en ningún mapa turístico. Llegué
exactamente el 15 de septiembre, domingo, de algún año de la década pasada, de los años treinta.
Y entonces vi, justamente, a las mujeres, con cirios
y en procesión, que aparecen en el cuadro que tienes colgado en el principio de un trayecto, el más
íntimo, de tu hogar, ¿por qué causa?

KATHLEEN.– El pintor, un pintor espléndido y sin gran
nombre, hermano de Pío Baroja, ha contemplado

en tinta china, en tinta negra, el destino de las viudas. Supongo que las mismas, ¿en qué se diferenciarían?, que procesionaban a tu vista por la playa de Póvoa, lo estoy imaginando, pero vivamente bordeando las naves de vela, varadas, ya sin amo, sin patrono, como sus vidas. Con un casino y un hotel como fondo indiferente, ¿me equivoco? Mirando de reojo, sus párpados abatidos, a un gran barco de vapor, fondeado en el centro de la bahía. Y ellas caminan ensimismadas, en reunión, porque se les hace la gracia de vivir, o de morir en vida, mejor dicho; pero al tiempo comparten una única y preciosa esperanza: la de que aquellas para quienes, junto a sus hijos, "se cerró la llave de la despensa", es decir ellas mismas, conservan fuerzas para caminar sobre la arena mojada. Caminan arrastrando sus zuecos, la mirada caída, con el corpiño y las faldas sueltas: y portan un largo cirio, una promesa, que gotea cera pero que apunta hacia el cielo, a pesar de que es un cielo que está cubierto por nubes también de un color de plomo desgastado y sucio.

SIMONE.– No llegué a conocer si conmemoraban a Nossa Senhora das Dores, o a la Assunção, Amparo dos Homens do Mar, o a la Padroeira, así la llaman con entrañable familiaridad, o incluso si se dirigían a la capilla de San André de Aver-o-Mar... Solo sé que su suelo era el desamparo, y que cantaban, salmodiaban, mejor, arrastrando las voces, y se decían unas a otras una canción que decía, ¿quieres oírla?, la llevo siempre conmigo, grabada en un disquete.

KATHLEEN.– (*Se acerca al tocadiscos, dice.*) Estoy deseando unirme al coro, si es posible.

Al pasar ante el ventanal, KATHLEEN *lo entreabre, en un gesto instintivo, y crece el fresco griterío de los niños que penetra en la sala. Se escucha la grabación en portugués.*

> Resgatai as Almas,
> Ó Pastor Eterno,
> Daquele lugar,
> Junto ao Inferno.
> Santo André das Almas,
> Pedi ao Senhor
> Que nos de sardinha
> Pelo suo amor.
> Resgatai as Almas
> Ó Pastor do mundo,
> Daquele lugar,
> Junto ao profundo.
> Sede em meu favor,
> Salvador do mundo.
> E faz Almas Santas
> Do lugar profundo.[3]

Silencio reflexivo; contemplativo, más bien, que rompe SIMONE.

---

[3] Rescata las almas,/ Oh, Pastor Eterno,/ De ese lugar/ Junto al Infierno./ San Andrés de las Almas,/ Pide al Señor/ Que nos dé sardinas/ Por su amor/ Rescata las almas/ Oh, Pastor del mundo/ De ese lugar/ De las profundidades./ Sé en mi favor,/ Salvador del mundo./ Y haz almas santas/ Desde lo profundo.

Simone.– Te escribí apenas regresar de Nueva York, a donde me había refugiado de la guerra por consejo, más bien orden a pesar de mi edad, de mis padres. Y en Harlem asistía a los ritos de las gentes de color que cantan sus alegrías inexplicables con góspel y a ritmo de palmadas. Alguien con quien llegué a trabar amistad comentó, y me lo repiteron, en su círculo: "Si Simone se queda en Nueva York llegará a hacerse negra!" Es el mejor elogio que me han hecho en mi vida.

Kathleen.– No se sabe bien de dónde sacan su alegría, pero la contagian en el grupo y, pienso, sobre todo, con el Dios que comparten sin conocerlo. Nosotros, los cristianos, somos más desvaídos, más... apáticos, ¿es esa la palabra?

Simone.– (*Abstraída, volviendo a la imagen de Póvoa de Varzim.*) Te lo confieso: mi ilusión, entonces en la playa oscura y con la luz amarilla de los cirios doblada por la brisa..., pero también ahora..., mi profunda ilusión sería seguir la huella en la arena de los pies mal calzados y llegar, tal vez, a una pequeña iglesia de pueblo, o de los suburbios de la capital de provincia, una parroquia que destaca por ser igual que las demás, y allí sentarme, ¿a la espera de qué, de quién? En el peldaño de su dintel de entrada: sin traspasarlo. Y quieta y a solas, dejarme alfilear por la palabra del párroco que permanece al fondo, revestido con el alba rizada y la estola de color mora aplastada, en el presbiterio, iluminada en parpadeo su palabra con solo la luz roja del sagrario, al tiempo que se dice en un susurro la queja esperanzada que Bernanos pone en boca del protagonista de *Journal d'un curé de campagne:* "Mi parroquia está devorada por el tedio, esa es la palabra". A lo que las beatas cobijadas en sus negras tocas prematuras, la tez rosada por los años, replican "así es", y enseguida "Dios no ha nacido en el exilio", como alguien ilustró su hastío, puesto que vosotras sois ese exilio, y le recibís a Él pasando las cuentas del rosario por vuestros dedos nudosos. Y, de inmediato, esas mujerucas de pecho hundido se lo golpean con el puño y declaran, ¡benditas pobres!, "nosotras nos identificamos con el poder, perdónanos, Señor, álzanos con la fuerza suave de tu mano".

KATHLEEN.– (*Interrumpiendo a* SIMONE, *dándole la espalda, pero sin menosprecio, tal vez sabiendo que le presta un servicio, ¿imposible?, se ha acercado al teléfono, marca un número, y habla al micrófono.*) Le interrumpo solo un segundo, soy Ferrier, telefoneé hará un cuarto de hora; es posible que el General haya quedado libre de sus compromisos, por un momento (*Sonríe, con cierta complicidad-picardía.*): ¿me escucha, señorita?… Al parecer hace un rato el General estaba muy ocupado, tal vez ahora… Por supuesto… Lo que pretendo es transmitirle un mensaje, sí, de una conocida filósofa y compatriota suya, Simone Weil… Quizás conozca lo que intenta la señorita Weil, le escribió una carta, anticipándoselo… ¿Cómo? ¿Que es posible que esté en reuniones toda la mañana?… Sí claro, pero puede volver a transmitirle su mensaje, tome nota, si es tan amable: la señorita Weil se ofrece, y con mucho interés, a servir en las tropas de la resistencia francesa, como enfermera, en cualquier otra función..., sin reservas... ¿Podrá hacérselo llegar, con el ruego de que interceda para que se acepte su ofrecimiento?... Muchas gracias, es usted muy amable, hasta luego, señorita...

(*Volviéndose hacia* SIMONE.) Ya ves: al menos nos ha escuchado. (*Y, súbitamente.*) ¿Tú eres católica, Simone?

SIMONE.– Gracias por tu insistencia, es importante para mí, se trata de una especie de iluminación sobre el sentido de mi vida... (*Parece contenerse, y casi avergonzarse, antes de confesar.*) Algo parecido a una visión tuve entre el ruido de engranajes de la fábrica Renault... Luego he vivido en mi cuerpo la experiencia, ya lo has oído, en Póvoa de Varzim... En todo caso, al ejército le soy indiferente, no le importan mis motivaciones, lo has comprobado. (*Luego, mira fijamente a* KATHLEEN.) Tampoco la Iglesia me ha preguntado seriamente por mis creencias... Alguien decidirá, y se preguntará en todo caso si lo soy, cristiana, digo. ¿Qué es *ser cristiana*? No estoy bautizada. Ya ves: estoy varios peldaños más abajo que las viudas solitarias y envejecidas de Póvoa. Tal vez *espero*. Solamente eso, pero confío en que sea *algo*. Sé, con los filósofos, con Kunt, con la Iglesia, que Dios, *es*. Pero me sobra, ¿solo por ahora y hasta cuando, si queda tiempo?, el orgullo: necesito la claridad del día, y eso no es fe. Abro los ojos con avidez hacia la Iglesia que siempre está *por venir* para desdibujar el poder de las estructuras de Roma, que secularmente, y desde el abandono de Antioquía, se mantiene sólidamente, pero solo, en el pecado y la *esperanza,* hasta el final de los tiempos, que llegará antes del final real del Universo por la contracción del huevo cósmico, según prevén los físicos. Y vuelta a empezar. El tedio a nivel cósmico… ¿Vivo en la utopía?

KATHLEEN.– ¡En absoluto, Simone, no desesperes ni te escandalices! Es mi mismo estado de ánimo: como tú, sigo esperando al mismo Dios-hombre humillado y destrozado que vio María. La iglesia anglicana no es sino el resultado de otra ambición de poder, aunque no llegó a estallar en una guerra con la de Roma. No he perdido la lucidez: las guerras, rotativas como las estaciones, no tienen su origen en ninguna lucha de clases, ¡pobres marginados sociales de todas las épocas y países!, en absoluto: las engendran la prepotencia de un grupo, con frecuencia de una sola persona. Hasta que el poder se agota: y vuelta a empezar.

SIMONE.– Así es. Las hecatombes humanas del pasado, y las que vendrán en el futuro, también, ¿o sobre todo? en las civilizaciones más boyantes: las guerras de religión, las del petróleo, las de los carteles económicos, las del hedonismo aburrido…, como derecho fundamental de la persona.

KATHLEEN.– Que, posiblemente, formarían clanes con el sacrosanto propósito de instalarse en el gobierno, como una tiranía bendecida por sus grupos… Ha de tener algún otro remedio, algún tope, un clima: quizás el de la mera sensatez de los hombres vulgares. Bastaría algo tan vago como una decidida corriente de opinión, asociaciones de personas de bien en cada país.

SIMONE.– No confío en que, al cabo de los siglos, incluso contradiciendo a la prehistoria, tenga razón Rousseau. Tampoco el simple humanismo cristiano, por el que, sin embargo, hay que apostar. El teísmo cristiano fracasó durante los siglos en que se experimentó. Hoy no es, siquiera, un precepto constitucional, una urgencia social.

KATHLEEN.– ¿Y entonces?

SIMONE.– Antes lo dije, fanfarroneando de escepticismo: sentarse a la puerta, como las beatas, las gentes más marginadas y felices de este mundo, y esperar en algo tan etéreo como la caridad. La Iglesia recibió el mensaje que transmite: el de la parusía en el tiempo. Una especie de contrasentido… Mantengo la esperanza imposible. Solo eso.

KATHLEEN.– ¿Lo has pensado? Las mujeres rezan…, y no pasa nada. Salvo que se masacra a tu pueblo, Simone. ¿Oyes los rumores, cada vez más intensos y precisos sobre el martirio de tu gente, "el pueblo elegido"? Los servicios de inteligencia británicos lo han detectado. Solo en Polonia hay seis enormes y soberbiamente bien equipados campos de exterminio, el instrumento, dicen desde Berlín, para ejecutar la solución final. Según Hitler, los judíos sois el problema. No ya el enemigo del Estado, que podría tener la contrapartida de otro enemigo del enemigo, y más potente que él: sino una especie de plaga contagiosa, lo que las SAS describen como vida indigna de la vida, que hay que erradicar. ¿Encerrando a los tarados, a los gitanos, a los homosexuales, a los hebreos, sobre todo, hombres, mujeres y niños, en una furgoneta que se estaciona en un callejón del pueblecito de Soldau, junto a una tapia cubierta de hiedra que empieza a otoñarse, y a cuyo receptáculo se han enchufado los gases del motor, o, ya a lo grande, a gran escala, montando amplios barracones vacíos y herméticos en cuyo techo operan aspersores de un tal gas Zyklon B? Como siempre: en el origen de las grandes catástrofes hay pequeños cerebros malignos, en este caso el ridículo doctor de pueblo Albert Widmann, que pierde el culo por realizar la voz de su amo, difundida por Goebbels, el experto en la propaganda, o sea, en la justificación de las mentiras.

SIMONE.– Las bocas que susurran tienen altavoces ante sus labios. Serán millones los hermanos judíos depurados, aniquilados es palabra más expresiva y veraz. Lo sabemos. Mis padres me obligaron a desplazarme a Nueva York desde Marsella, a pesar de que nos hallábamos en la Francia neutral, el oasis de Petain. Allí, quizás por primera vez, entre la comunidad africana, me supe a gusto: tan a gusto que, como han concluido mis amigos americanos, de permanecer en Nueva York, habría acabado por ser negra. Se me desgarró el alma al regresar: mis padres acababan de morir. Y yo estaba como las viudas de mi Póvoa de Varzim.

Hacen el silencio expresivo que ya describe su encuentro, y que aprovecha KATHLEEN *para volver a telefonear, ya impaciente y por tercera vez, al cuartel general del ejército francés en el exilio británico.*

KATHLEEN.– (*Sin identificarse, en esta ocasión.*) Perdón, señorita, ¿pudo transmitir de nuevo mi súplica al general?..., Simone Weil no puede hacerlo personalmente, no se maneja bien con el idioma inglés, apenas estuvo dos meses en Nueva York, ¿cómo dice?... ¿Lo hizo, pues? ¿Y...? (*Silencio.*)... Sí, sí... la estoy oyendo..., de alguna manera lo comprendo... el General tiene otras preocupaciones, más trascendentes, más generales, claro..., ya sé, de sus decisiones depende la vida de miles de soldados, también de la población civil..., no puede discriminar, no puede ocuparse de casos personales... sí, sí... Transmito a la señorita Weil el agradecimiento por su generosidad y su valentía... (*Cuelga el teléfono.*) Ya ves...

SIMONE.– (*Cabizbaja.*) Tiene razón..., si tuviéramos la posibilidad de mirar cada caso como irremediable, como afortunadamente personal... (*Reflexiona.*)... Ese es el eterno problema de mi raza, ¿ves? Somos raza, somos exclusivos, distintos, "el pueblo elegido"... Y, desde hace miles y miles de años, desde antes incluso de que con la Torá hiciésemos el molde de ese pueblo judío en permanente éxodo, huida y búsqueda, estamos en guerra. El Antiguo Testamento es la historia del odio: para ganar nuestra tierra, y para destruir a quienes nos la disputan. En mi libro más auténtico, *La Pesanteur et la Grâce,* he escrito a propósito de los míos, a los que no renuncio, lo siguiente: "Israel. Todo es mezquino y atroz, como un (el principal, en realidad) objetivo a partir de Abraham incluido (salvo algunos profetas –tal vez me refería a Isaías, ya

61

no lo recuerdo–). Como para indicar con total claridad: ¡Atención: aquí está el mal! Pueblo elegido por su ceguera, pueblo elegido para ser el verdugo de Cristo". Eso es lo que pienso de los míos, como un sello en la ingle. Incluso los defino: "Los Judíos –con mayúscula indeleble– ese puñado, prietos, que han causado el desarraigo de todo el globo terrestre". Hemos causado el éxodo permanente, yo también, aunque a veces me dé náuseas mirarme en el espejo.

Se la advierte abatida. Continúa reflexionando, hasta dar la impresión de ignorar por un momento la presencia de KATHLEEN.

SIMONE.– A una bofetada, respondemos con un puñetazo, aunque ya con mano de hierro. A una masacre, como la que está ocurriendo, responderemos –y el resto de la humanidad nos atenderá, porque todo lo que huele a sagrado nos convierte en temibles temerosos–, responderemos, Kathleen, con matanzas: hasta donde alcancen las armas manejadas por nuestros ojos ciegos de cólera. Al tiempo… Quizás, más allá de mi propio tiempo…

No tengo nada, Kathleen. Ni siquiera, ya, una familia. Ni siquiera un recuerdo de que los hombres y las mujeres fuimos niños. Solo la esperanza de que, ¿en qué novedosa circunstancia?, volveremos a serlo. Y será el fin, ¿feliz?, de una civilización, la nuestra.

KATHLEEN.– (*Incorporándose en la butaca.*) Perdona mi pregunta impertinente, pero con tu trilogía Dios, guerra —casi uniéndolos, como causa y efecto entre sí, origen y devenir no deseado pero manifestado desde el principio con el fratricidio de Abel por el odio exclusivista y envidioso de su hermano Caín—; Dios, guerra y amor, en tercer término, ¿has amado alguna vez?

SIMONE.– Creo en Dios, Kathleen, y amo a Cristo, porque el amor es un signo de nuestra miseria, y solo Dios es digno de amarse. Si no existiese —no en algún momento histórico, solamente, sino siempre y ya para la eternidad— yo no podría amar a Dios. Es esa visión, tan clara, la que no me permite levantarme del dintel de la Iglesia que, con frecuencia, no sabe presentar al Dios hombre sino solo al hombre Dios, y dar el paso para sentarme en el banco de las bienaventuradas beatas, con un cirio encendido en la mano, por si la Iglesia está en tinieblas.

KATHLEEN.– No es fácil entenderte, pero me dejo ir, hay una palpitación de verdad en tus palabras.

SIMONE.– Es a lo máximo que aspiro, en mis escritos, y en mis obras: ser una jornalera del misterio enamorado.

KATHLEEN.– Yo creí, en su día, estar enamorada de una persona...

SIMONE.– (*Parece no haber escuchado a* KATHLEEN.)... Mientras que, a diferencia de mi pueblo judío, he intentado trasladar el temor y el respeto a la condición humana... He tenido, sigo teniendo, amigos: pero no he amado. El amor de sí mismo es imposible salvo a través de Dios: demasiado sublime para mí.

KATHLEEN.– Quizás recuerdes que, al principio de nuestra conversación, ayer, ¡hace ya tanto tiempo!, te conté que estuve casada con Albert, había sido mi superior en el banco, Albert Wilson... Casada realmente, con todas las formalidades, y quizás todas las ilusiones... No consumamos el matrimonio, en ningún sentido... ¿Alguno de los dos fue culpable? No hubo culpa. Albert y yo sabíamos que la amistad es la circunstancia necesaria del matrimonio, pero que la unión, el coito, equivale a asomarse al paraíso. Con razón, has sabido, no solo has creído, que la unión corporal es la utopía, el culmen de todo, de la belleza, de la comprensión, de la entrega... Que el evangelio, no ya el viejo, es su nombre exacto, testamento, pregona gozoso que "los esposos ya no son dos, sino una sola carne", en el sentido total, una sola existencia compartida. Nos anuló, como del rayo a la destrucción del éxtasis, el temor... Nos habíamos conocido, y congeniábamos desde entonces, en 1933, en un baile; y nos casamos por mi Iglesia, la anglicana, dos años después. Vivimos la apariencia de un matrimonio en Silloth, una pequeña ciudad portuaria, de Cumberland. En 1940, hace menos de tres años, Albert ha sido incorporado a filas... Según me han informado –siempre hay lenguas afiladas, pero en este caso eran innecesarias, el hecho era de dominio público–, se ha casado con un amigo de ambos, Wyn Hetherington.

SIMONE.–La naturaleza da bandazos; y la providencia se inhibe; más que la Iglesia.

KATHLEEN.– Aunque la naturaleza, en este caso la de la mujer, sufre. En mi repertorio figura, y la interpreto con frecuencia, la cantata de Schumann *Frauenliebe und leben*, sobre un poema de Chamisso, un hermoso poema que canta la pérdida de la mujer amada, ya te lo he contado. Absurdamente, cada vez que la interpreto, lloro en el escenario: es como el dolor del miembro que se perdió, tras haber vivido con él... Tengo la grabación, si no te molesta, hago sonar el disco, solo la última parte, la de la ausencia de lo que se debió poseer y al tiempo te traduzco del alemán.

En efecto, inicia la audición de la cantata..., en algún momento, cambia la aguja de surco, para adelantar el poema, y recita acompañando a la música y sobre su propio canto.

Mi querido ángel,
me miras y sonríes...
¡oh mi corazón, mi pecho,
mi alegría, mi gozo!
Ahora que me has herido por primera vez,
profundamente herida,
puedes dormir tu frío corazón, hombre cruel,
puedo dormir el sueño de la muerte.
La mujer que abandonas mira a su alrededor:
el mundo está vacío,
he amado y vivido:
ya nunca viviré.
Busco en mi interior,
y cae el telón:

ahí quedáis tú y mi perdida felicidad.

Tú, mi mundo…

SIMONE *se ha recostado en la butaca, la cabeza apoyada en los orejones. Murmura.*

SIMONE.– Estoy invadida por el cansancio vital, como por la peste. Me faltan las fuerzas (*Como si leyera su testamento, recita, en un murmullo, o jadeante.*) Experimento un desgarro que se agrava sin cesar, tanto en la inteligencia como en el centro del corazón, por la incapacidad en la que me encuentro para pensar, unidas en la verdad la desdicha de los hombres, la perfección de Dios, y la relación, ¿imposible, inexplicable?, entre ambas… Perdóname, Kathleen, no tengo derecho a hacerte mi confidente, ¡he tenido tantos!…

Tengo sueño, como si me asomase al sueño eterno… Se me nubla la vista… Kathleen, ¡Kath… leennn!

KATHLEEN *la zarandea levemente, le pasa la mano por la frente, le toma el pulso y, al soltarle la muñeca, la mano de* SIMONE *se desliza por el banzo del sillón…*

Corre hacia el teléfono:

KATHLEEN.– ¿Hospital de Middlesex, urgencias? Sí, espero que me comuniquen, pero deprisa, por favor, es apremiante… Una persona ha abandonado su interés por vivir… ¡No, no, por Dios, no hay ningún caso de suicidio! Hace tiempo que viene muriéndose. Manden una ambulancia equipada... Plaza de Saint James, 5, segundo piso...

Tardará poco en sonar la sirena, en la plazuela, mientras KATHLEEN *procura arropar a* SIMONE, *va y vuelve de la cocina con un paño frío, le besa en la frente para comprobar si alienta...*

Unos segundos después suena insistente, desde la misma puerta de la casa, la sirena, se escuchan, enseguida, pasos en el descansillo de la escalera, y empieza a sonar el timbre... Se apagan las luces del escenario...

Aún se escucha el estruendo de la puerta, al cerrarse tras los camilleros, luego el sonido reavivado de la sirena, que se va alejando.

KATHLEEN *queda sola, a oscuras, con la ventana abierta, a la que se había asomado mientras se alejaba la furgoneta medicalizada, y por el techo de la habitación transitan las sombras de los últimos transeúntes nocturnos por la acera que rodea la calzada y el jardín interior.*

Oscuridad total, que...

... poco después será disipada por un sol oblicuo, radiante. Sol de primavera. Ahora es KATHLEEN *quien se sienta en el mismo sillón que en la anterior escena ocupaba el cuerpo inanimado de* SIMONE.

KATHLEEN.– Ha sucedido todo, y nada ha cambiado... Fue un día de abril, no recuerdo en qué fecha exactamente, una noche oscura de luna nueva, mejor dicho, cuando los camilleros se llevaron a Simone. Poco después, tan solo unos días, me avisaron a mí, "es el único contacto que ha acertado a darnos", se justificaron, para advertirme que "debido a su extrema debilidad, en gran parte porque no ingiere alimentos, no la podemos restablecer, está sumamente fatigada, a causa de sus propias privaciones". Y quien se comunicaba conmigo, y me había preguntado si mi persona era "la famosa contralto Ferrier, Kathleen Ferrier", se identificó con un nombre que no recuerdo: "Soy el doctor X, jefe de planta en la habitación que ocupa doña Simone Weil, su amiga, ¿me equivoco?, y rogamos su permiso para trasladarla a Asfhord, su muy precario estado de salud lo aconseja…".

Yo he acudido a visitarla varias veces: cada vez más amarillenta, y sin que diese tiempo a cambiarle los *tissues* teñidos de sangre, me miraba, para confirmarme con ojos en que se concentraba su energía, su mensaje: un mensaje de dudas positivas…

Hoy, 24 de agosto de 1943, me han telefoneado de madrugada: "La señorita Weil ha muerto". No han dicho, "como quería", pero no he tenido ninguna dificultad en completar su mensaje: "para obtener la respuesta a sus preguntas". En eso consiste la vida de los humanos que se saben simplemente personas. Y la vida, su vida, sigue: aquí, y donde esté; quizás la flor tardía de los castaños de Indias, ¿o árboles de Marte? de la plazuela extrañen la falta da su mirada. Y la algarabía de los niños…

En efecto, penetra por la ventana abierta el canto infantil
–cualquiera– de los niños en vacaciones.

Madrid, 12 de octubre de 2024

Este libro se acabó de imprimir en Fuenlabrada (Madrid)
en los talleres de Producciones Digitales Pulmen
el 22 de abril de 2025,
aniversario del nacimiento de Kathleen Ferrier
en Blackburn, Lancashire, Inglaterra

Otras obras de **Santiago Araúz** en esta misma colección:

Mariúpol. Tiempo para la muerte y el fulgor
Santiago Araúz de Robles
Espiral, serie Teatro, nº 446
ISBN: 978-84-245-1431-0
138 páginas

El 24 de febrero de 2022 Rusia invadía Ucrania en un ataque a los principios democráticos que parecía impensable en la Europa actual. Un año después, cuando se publica esta obra dramática, sigue sin vislumbrase el fin del conflicto. Tarás, el protagonista de esta tragedia, que es esta, pero podría ser cualquiera, es el narrador, y el autor, pero también somos nosotros, público y lectores, que asistimos al terror desde el confort de nuestras butacas. Un hombre como otros muchos, en una ciudad, Mariúpol, masacrada al azar por las consignas del tirano.

Todo está pasando ahora, pero todo suena a viejo, porque hoy es Ucrania, pero antes fue Chechenia o Irak. Es el poder cosificador de la fuerza, del que habló Simone Weil: doblegar el alma mediante el miedo y la muerte, matar por matar, para despertar la añoranza de un gran imperio. Y en medio, un hombre corriente, que trata de superar la pérdida del ser amado y asimilar la vejez con el regreso al espacio utópico de sus recuerdos, la juventud de amigos nuevos, el poder sanador del arte, y la camaradería de un pueblo que muere y resiste.

Simone
SANTIAGO ARAÚZ DE ROBLES
Espiral, serie Teatro, nº 428
ISBN: 978-84-245-1380-1
176 páginas

"El único gran espíritu de nuestro tiempo" así calificó Albert Camus a su amiga Simone Weil. La andadura intelectual del siglo XX se entiende mejor a través del encuentro de estos dos pensadores en una Europa que, desgarrada por los totalitarismos, se adentraba en la larga noche de la II Guerra Mundial.

Santiago Araúz acude de nuevo al novelista y dramaturgo Albert Camus para presentarnos, en forma de confluencia dramática, la figura de Simone Weil, narrada por el filósofo Gustave Thibon y rememorada por el padre Perrin a partir de sus conversaciones con el escritor argelino, en un interesante juego de relatos dentro del relato. A través de las voces de estos hombres y de la propia Simone, se reencarna para nosotros la imagen y el pensamiento de esta mística proletaria, su inquietud religiosa, su curiosidad intelectual y la coherencia extrema (si es que es lícito poner límites al compromiso moral), que la condujo a no evitar su propia muerte.

El hombre en la isla
La agonía florida de Carlos Brito
Santiago Araúz de Robles
Espiral, serie Teatro, nº 419
ISBN: 978-84-245-1353-5
216 páginas

Santiago Araúz vuelve a dar muestras de su ecléctico talento: dos géneros, teatro y novela; dos encuadres, la Europa post-napoleónica y el paisaje iberoamericano del siglo pasado; y dos enfoques, su ya conocida dramatización del personaje histórico y el relato del héroe anónimo, acompañan al lector a través de estas historias de lucha, poder y fracaso.

El hombre en la isla narra los últimos días de Napoleón junto a su confidente Jacques y el conspirador Hudson Lowe. A través de un arriesgado ejercicio de anacronismos, que invitan a una reflexión sobre el carácter cíclico de la Historia y sus errores, el autor va revelando la tristeza y los miedos de un vencido Bonaparte, sus lecciones sobre gobierno y traición y su contumaz enamoramiento de su mujer Joséphine.

La agonía florida de Carlos Brito es también, y de forma completamente diferente, una reflexión sobre el poder y la derrota. Su protagonista, un idealista limpiabotas, recorre cientos de kilómetros con la ingenuidad como mochila, dispuesto a mediar entre mineros y patronal. La prosa es un poderoso ejercicio lingüístico, en la que el autor maneja con maestría el exquisito léxico de la América rural.

Nadie abate el muro
y cuatro relatos breves
Santiago Araúz de Robles
Espiral, serie Teatro, nº 406
ISBN: 978-84-245-1309-2
152 páginas

Este libro contiene una obra de teatro y cuatro relatos breves de distintos momentos en la trayectoria personal del autor. Permítasenos el ejercicio de heterodoxia pues constituyen buena prueba de su maestría. En literatura, como en el arte, no existen compartimentos estancos.

La pieza que vertebra el volumen, *Nadie abate el muro,* imagina, con realismo tragicómico, las historias humanas que reptaron por esa vergüenza de hormigón que fue el muro de Berlín. "Detroit", cuento inédito, relata un derrumbe diferente, el del imperio del automóvil en lo que fuera antaño un paraíso industrial. Las otras tres historias, "Maleta al sol", "Interior con Nati" y "Una historia ejemplar" hablan de la venganza frente al abuso, el desamparo de la viudez y el cinismo político. Pero al final de la lectura surge siempre una grieta de esperanza. Es la erosión anónima la que termina con la vocación de eternidad de cualquier fuerte. La vida, como la ficción, acaba por arreglar las cuentas de la historia.

¿Qué hay, Marilyn?
El Corpus Chico
Santiago Araúz de Robles
Espiral, serie Teatro, nº 390
ISBN: 978-84-245-1266-8
120 páginas

Norma Jeane, Marilyn Monroe, murió hace medio siglo. Sin embargo, se habla de ella como si aún estuviera viva. No era la mejor actriz, ni la perfección de la belleza. Aun así, Billy Wilder escribió de ella que "llenaba la pantalla". Ella sola, sin más. Marilyn, siempre con Norma en el trasfondo, como la gota amarga en el cocktail de muchos licores, era la mujer.

En *¿Qué hay, Marilyn?* alguien que ha compartido tiempo con Marilyn se adentra en el binomio inseparable: mito-persona, star system-soledad, Marilyn-Norma. Y decir más o desvela o sobra allí donde convienen las veladuras. Siempre hay que detener el paso a las puertas del misterio de cada persona.

La segunda obra de este libro, *El Corpus Chico,* es la historia de un amor que debería ser y que acaba no siendo, porque la espera agota la fe sin convertirse en esperanza. Es una zarzuela de ambiente taurino, localizada en el Sacromonte, y constituye, a su manera, un pequeño drama sin sangre. Tierno, a pesar de todo y, tal vez, algo insólito.

Trece cartas
(Encuentros con Graham)
<small>Santiago Araúz de Robles</small>
Espiral, serie Teatro, nº 376
ISBN: 978-84-245-1228-6
112 páginas

Siglo XXI: aparcado en la conquista social del bienestar, el hombre se desprende del desasosiego existencial, los tabiques entre los pueblos se desploman y en medio de contradicciones sangrantes se levanta en bloque la aldea global. Tras la paz que sigue a la Segunda Guerra Mundial, el ser humano da la espalda a la muerte y el horror, como si estos no fueran ya parte consustancial de su tiempo. No obstante hay todavía, y continuará habiendo, lúcidos autores que se interrogan sobre las cuestiones esenciales, escritores capaces de dramatizar nuestra existencia.

La noche en que va a ser apresado por la policía, el estafador financiero Mathew Lynch repasa junto a su ex amante, y valiéndose de unas cartas dirigidas por el autor a una mujer casada, la obra de Graham Greene, el último canalla con conciencia de culpa. La vida y la prosa de Greene, en labios de los protagonistas de esta pieza, nos devuelven a la realidad de nuestras "cloacas internas", como esos miserables encantadores, llámense Lynch, Madoff o Harry Lime, que, de cuando en cuando, irrumpen burlones en el espejismo del festín moderno para recordarnos que la sordidez y la decadencia habitan la condición humana.

Mi nombre, Albert Camus
Santiago Araúz de Robles
Espiral, serie Teatro, nº 358
ISBN: 978-84-245-1175-3
112 páginas

Mi nombre, Albert Camus rinde homenaje al escritor y filósofo francés cuando está a punto de celebrase el quincuagésimo aniversario de su muerte. Tras recibir en 1957 el Premio Nobel de Literatura, Camus se sintió abrumado por ese reconocimiento mundial que le convertía en la "conciencia de la humanidad". Consecuente con su "honradez desesperada", como la calificaría Charles Möeller, el autor de El extranjero y La peste buscará alguna salida. Mediante un entramado de destellos o flashes de escenas, la presente obra refleja dicha búsqueda, en compañía de sus amigos de la Resistencia francesa, Jean R. y Hélene Seurat, y finalmente a lo largo de intensos diálogos con Howard Mumma.

"Una pieza que pertenece a ese teatro que tiene en el texto su don primordial, en las palabras que construyen el espacio dramático e imaginario como sustancia de su propia expresividad, y que lo hace además con una eficaz imaginación escénica."

Luis Mateo Díez